DISCOURS

PRONONCÉS LE 3 NOVEMBRE 1854

AUX FUNÉRAILLES

DE

MADAME

CAROLINE HENRIETTE PAULINE

LAUTH née KERN.

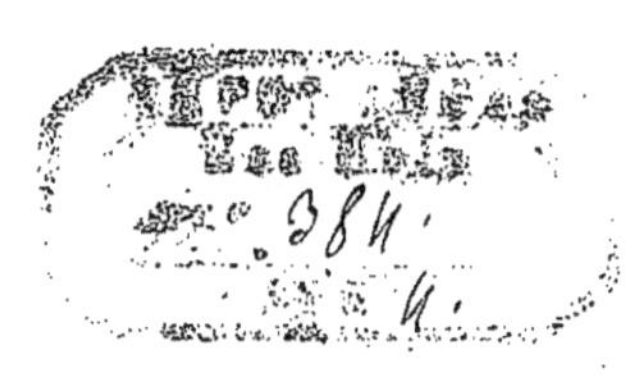

STRASBOURG,

DE L'IMPRIMERIE DE FRÉDÉRIC-CHARLES HEITZ,

RUE DE L'OUTRE 3.

1854.

NÉE A STRASBOURG, LE 10 FÉVRIER 1805;
DÉCÉDÉE A PARIS, LE 31 OCTOBRE 1854.

DISCOURS

PRONONCÉ DANS LA MAISON MORTUAIRE,

AVANT LE DÉPART DU CONVOI

PAR

M. BRUCH,

MEMBRE DU CONSISTOIRE SUPÉRIEUR DE LA CONFESSION D'AUGS-
BOURG, INSPECTEUR ECCLÉSIASTIQUE, DOYEN DE LA FACULTÉ
DE THÉOLOGIE, PASTEUR A L'ÉGLISE DE St-NICOLAS.

Wertheste Trauerversammlung!

Welch eine furchtbare Veränderung ist mit diesem Hause vor-
gegangen! War es nicht vor Kurzem noch die Wohnstätte eines
sanften, heiteren Familien-Glücks! Und jetzt hat sich tiefe Trauer
auf dasselbe herabgelassen; schmerzliche Gefühle schwellen jede
Brust und aus jedem Auge drängen sich bittere Thränen hervor. Ach, sie ist nicht mehr die treue, liebevolle Gattin und
Mutter, die dieses Hauses Seele war, die durch die milde Heiterkeit ihres Geistes, durch die ihr ganzes Inneres erfüllende
Liebe, durch ihre unermüdliche Fürsorge, durch die seltene Freundlichkeit ihrer ganzen Persönlichkeit, Glück und Freude in dem
schönen Kreis ihrer Familie verbreitete. Ihre letzte That war
eine That mütterlicher Zärtlichkeit! Diese in ihrem Herzen so
mächtig lebende Empfindung zog sie hin zu dem Sohne, der so

eben wohlbehalten aus dem Eise des fernen Nordens zurück-
gekehrt war; sie wollte ihn noch einmal umarmen ehe er sich
abermals den Gefahren des weiten Oceans anvertrauen würde.
Ach, sie hat Abschied von ihm genommen, aber für immer!
Sie ist zurückgekommen, aber eine Leiche! Dort in der Hauptstadt des Landes, in den Armen des treuen Gatten, aber ferne
von ihren geliebten Kindern, ferne von dem Kreise ihrer Ver-
wandten, hat sie ihr Auge geschlossen um es nicht wieder zu
öffnen! Wie ein Blitzstrahl aus heiterem Himmel fiel die Kunde
ihres so ganz unerwarteten Hinscheidens unter alle diejenigen,
die mit inniger Liebe an ihr hiengen!

Ach, was müßten wir empfinden, welche Gefühle würden in
diesem Augenblicke uns zerreißen, wo wir uns versammelt ha-
ben um ihre entseelte Hülle aus Staub dem Staube wieder
zurückzugeben, wenn wir uns sagen müßten, daß ein blindes
Schicksal über das Leben des Menschen gebietet, und daß das
Grab ein unser ganzes Wesen verschlingender Abgrund ist. O
Dank, Dank dir, Jesus Christus, daß du uns gelehret hast,
daß kein Haar von unserm Haupte fallen kann, ohne den Willen des Vaters im Himmel; Dank dir, daß du dem Tode die
Macht genommen und Leben und unsterbliches Wesen wieder
an das Licht gebracht hast. Gott, der uns in dieses Dasemn
sendet, und wenn seine Weisheit erkannt hat daß die rechte
Stunde zu dem Abschied gekommen ist, zu uns spricht: Kommt
wieder Menschenkinder, Gott ist es der die treue Gattin, Mutter, Freundin aus dem Kreise der Ihrigen, von der Seite aller
deren, welche sie liebten, abgerufen hat. Wohl ist sein Rathschluß
von tiefem, geheimnißvollem Dunkel umhüllt; aber wir beugen
uns vor demselben in dem zuversichtlichen Glauben daß er aus
seiner unendlichen Weisheit und Güte hervorquoll, die ja zu
seinem Wesen gehören. Wir erheben unsere Blicke nach oben,
und rufen aus: Die geliebte Gattin, Mutter und Freundin ist
nicht todt; nur ihre äußerliche Hülle ist es; ihr Geist, dasje-
nige was sie zu einer so unendlich freundlichen Erscheinung
machte, und was wir in ihr liebten, er lebt fort in höheren
Räumen, lebt fort in herrlicher Verklärung, lebt unvergänglich

fort, und wird dort mit dem Lächeln der Seligen einst diejenigen empfangen, die im Leben durch Bande inniger Liebe mit ihr verknüpft waren.

Hinauf daher lasset uns unsere Gedanken und unsere Gefühle richten; lasset uns beten:

Gebet.

Gott, Ewiger, Unendlicher; allmächtiger Gebieter über Leben und Tod, wir werfen uns nieder vor dir mit schmerzerfüllter Seele, allein mit festem Glauben an deine Weisheit und Güte. Du hast uns eine schwere Prüfung auferlegt, aber wir zweifeln nicht, daß du Alles wohl machest und Alles herrlich hinausführest. O umschwebe mit deiner Gnade diejenigen, welche dein unergründlicher Rathschluß am härtesten getroffen hat; stärke sie und gieße Trost und Ruhe in ihr verwundetes Herz. Laß den Glauben an deine unendliche Weisheit und Liebe, und die Hoffnung der Unsterblichkeit der Seele mit neuer Macht in ihrem Innern emporflammen. Laß aus dem jetzt vor ihrem Geist schwebenden Dunkel das Bild der verklärten Gattin und Mutter in hellem Lichte hervortreten und ihnen freundlich zurufen: daß sie lebe, und daß es ihr unendlich wohl sey. Begleite sie mit deinem väterlichen Schutze auf ihren ferneren Lebenswegen und laß deine Segnungen in reicher Fülle auf sie herabfließen. Sey mit uns allen; erhalte in uns den frommen, begeisterten Glauben, der unerschöpflich fest steht in allen Stürmen des Leidens, und in dem letzten Augenblicke noch den Geist siegen läßt über alle Schrecken des Todes durch die Hoffnung des ewigen Lebens. Erhöre uns, o Gott, um deiner unendlichen Güte willen! Amen.

DISCOURS FUNÈBRE

SUR LE VERSET 6 DU XVIᵉ PSAUME

PRONONCÉ A L'ÉGLISE DE St-NICOLAS

PAR

M. SCHALLER,

PASTEUR A Sᵗ—NICOLAS.

Theuerste Brüder und schwer geprüfte Freunde;
Verehrteste Trauerversammlung.

Indem wir, in einem Augenblicke wie der gegenwärtige, und
bei einer wehmüthigen erschütternden Veranlassung, wie die heu=
tige, unsre Stimme erheben, fühlen wir wohl wie schwach und
ohnmächtig jedes laute Wort ist, gegenüber dem stummen Schmerz
in eurer Brust, und würden uns auch da wenig von unserm
Worte als Menschenwort versprechen, wenn wir mit Menschen=
und mit Engelzungen redeten. Aber es ist ein anderer der hier
redet, und gewaltiger eindringlicher und tröstlicher als Menschen
und Engel reden; es ist der Herr! Es ist die Stimme des Herrn.
Dieser Stimme ist das Herz des Christen nie verschlossen, auch
nicht in solchen schweren bangen Stunden der Trennung; ja
gerade am wenigsten in solchen Stunden, wo diese Gottesstimme

die Strömungen und Bewegungen des unruhvollen Lebens be=
sänftigt, und den Lärm der Welt übertönet, wie das Lied der
zärtlichen Mutter das Weinen des Lieblings.

Es ist die Stimme des Herrn! Aber wie! Hat er nicht, um
euch tröstend und liebend zu nahen, hat er nicht einem Verklär=
ten Worte der freudigsten Zusicherung und des süßesten Trostes
für euch in den Mund gelegt? Ist es nicht ein Seliger der da
ruft: Das Loos ist mir gefallen auf's Liebliche;
mir ist ein schönes Erbtheil geworden? Klingen euch
diese Töne nicht — mit geheimnißvollem Beben, mit süßen Schau=
ern eure Seele durchzuckend — klingen euch diese Töne nicht
wie bekannte, verwandte Töne? Wandelt sich nicht vor euerm
innern Auge die Gestalt dieses Himmlischen, der von liebli=
chen Loosen singt, wandelt sie sich nicht deutlich und immer
deutlicher in eine bekannte, überaus theure und liebliche Gestalt
um? Tritt sie nicht plötzlich aus ihrer Verklärungshülle kennt=
lich und freundlich hervor, sie die eure Seele liebt? Und wenn
euer pochend Herz ruft: Bist du's? und es in der Tiefe des
liebenden, des gläubigen und hoffenden Gemüthes antwortet:
Ich bin's! Mir ist das Loos gefallen auf's Liebliche!
Mir! theurer Gatte und Kinder, mir ist ein schönes
Erbtheil geworden, und auch euer harret es, da wo ich
bin, und ich harre euer mit alter und doch mit neuer ver=
klärter Liebe. Ist dann nicht auch euer Loos, ihr Weinenden,
ihr Verwundeten, ihr Vereinsamten, ist es nicht trotz dieser
Wunden und Thränen auch ein liebliches Loos, von hin=
nen aufwärts, heilige Theilnahme und Mitfreude, wie sie der
Todeshauch nimmermehr von unserer Liebe, von unserer starken
treuen Liebe, abstreifen kann; von oben abwärts heilige Theil=
nahme und Mitleid wie derselbigen auch die Brust der Seligen
nicht unzugänglich wird, deren Liebes=Verbindung mit uns,
weil es eine Verbindung in dem Herrn und vor dem Herrn
war, nicht aufgelößt, sondern verkläret ward?

Theuerste! die Stimme des Herrn in seinem geoffenbarten
Wort; die Stimme des Herrn im Munde eines Verklärten;
die Stimme des Herrn auf den Lippen der lieben Vollendeten,

und in der Tiefe eurer chriftlichen gläubigen Seele wiedertönend, immer ift es, daß wir uns nicht auf dem wechfelnden Gebiete der Vorausfetzungen bewegen, fondern daß wir auf dem Boden der Würklichkeit, auf dem Fels der Wahrheit ftehn; und fo lange fie vom Himmel auf die Erde rufen: "Das Loos ift mir ge= fallen auf das Liebliche; mir ift ein fchönes Erb= theil geworden" werden auch alle frommen Chriftenfeelen mit befcheidenem Sinn in den Tagen der Freude, mit gotter= gebenem Geift in den Stunden der Prüfung von der Erde zum Himmel emporblicken, und werden bei jedem herben Verluft auf den frühern füßen Befitz, bei den unfreundlichen Gefchicken der Gegenwart auf das liebliche Loos der Zukunft, beim Un= beftand aller Erdengüter auf das fchöne bleibende Erb= theil im Himmel fchauen; Ja, bis einft der Vorhang wird gefallen, und die letzte bittere Thräne aus dem Eltern= Kindes= und Freundes=Auge wird von der Erde, und das letzte Tröpflein Zeit wird von Ewigkeit verfchlungen feyn, wird dem Chor der Seligen von ihrem lieblichen Loos in den Himmelsräumen, der Chor der Kämpfer im Lande der Bewährung entgegentönen: Gelobet fey Gott und der Vater unfers Herrn Jefu Chrifti, der uns nach feiner großen Barmherzig= keit wiedergebohren hat zu einer lebendigen Hoff= nung, durch die Auferftehung Jefu Chrifti von den Todten; — zu einem unvergänglichen und un= befleckten und unverwelklichen Erbe, das uns auf= bewahret ift im Himmel!

O, und auch du wirft nicht der letzte feyn, theurer Bruder, in deffen verwundetes Herz der Herr, in diefer Stunde, als erftes Tröpflein Balfam ein heiliges Wort, aus theuerm Munde zugeflüftert, fallen ließ — du wirft nicht der letzte feyn, in den= jenigen Stunden und Tagen, wo die feligften Errinnerungen an die treffliche Verklärte deine Wehmuth tiefer, deine Sehnfucht lebendiger, dein Glauben und Hoffen wärmer und kräftiger ma= chen werden, — du wirft nicht der letzte feyn, ihr werdet, trau= ernde Kinder der zärtlichften Mutter, ihr werdet nicht die letzten feyn in folchen Weiheftunden, und im Heiligthum des Herzens die Harfe zu nehmen, und euer „Gelobet sey Gott der uns wiedergebohren hat zu einer lebendigen Hoffnung" als Gebet zum Vater im Himmel, und als freudigen Gruß an die Vorangegangene emporzusenden. Ihr werdet auch nicht die letzten seyn, ihr Geschwister und Angehörigen, ihr, Freunde und Freundinnen alle, in deren Herz ihr Heimgang eine so tiefe Lücke gelassen, durch deren Leben ihr Tod eine so düstere Linie gezogen hat, ihr werdet auch nicht die letzten seyn, beim Zurückgehn zu den Tagen und Stunden, denen ihr Bild noch eine nachträgliche und bleibende Würze verleiht, und beim Eintauchen eurer Seele in jene Räume, wo viele eurer lieben Vollenbeten weilen, wo sie als Schaaren von Seligen den Lebensfürst umringen, wo sie dem Sündentilger, den Todesüberwinder und Urheber ihres lieblichen Looses und schönen Erbtheils Dank bezahlen, ihr werdet auch nicht die letzten seyn, euer „Gelobet sey Gott, der uns wiedergebohren hat zu einer lebendigen Hoffnung" als Gebet und Gruß emporzusenden.

Wer wird aber der erste seyn, von uns allen, dem das Loos fallen wird auf's Liebliche? Ach! wie ungewiß ist für uns alle die ernste Stunde des Todes. Bald ist es die Pestilenz, die im Finstern schleichet, und die Seuche die im Mittag verderbet, die den Lebensfaden von Tausenden plötzlich durchschneidet. Bald wird der Knecht Gottes und Diener Christi an heiliger Stätte, im Augenblick wo die begeisterte Rede als ein gewaltiger Strom fließt, von seinem gesegneten Würken auf ein höheres Arbeitsfeld abgerufen. Bald sinkt, zur Stunde wo ihre Aufgabe, ihre hohe und schöne Aufgabe am wenigsten von Fremden kann gelöset werden, die treue Mutter, dem heimathlichen Heerde zueilend, und noch warm von den Umarmungen des geliebten Sohnes in die kalten Arme des Todes! Ja, wer wird der erste seyn?

O meine Theuere, wie beängstigend und peinigend müßte nicht für uns diese Ungewißheit seyn, wenn sie nicht von einer überaus tröstlichen Gewißheit beherrscht und überstrahlt wäre! Christus hat unsere Sünde getragen und dem Tode den Stachel gebrochen! dieß ist die herrliche Gewißheit! Christus hat den Tod, der Sünde Sold besiegt und dem Grab seine Schrecken benommen! Dieß ist jene freudige Zuversicht! Christus hat uns, die wir von Natur Knechte der Sünde und Kinder des Zorns waren, zu Gotteskindern und Erben der Seligkeit gemacht! dieß ist unsre seligste Hoffnung! Gewiß ist daß die Todten, die in dem Herrn sterben, selig sind von nun an; gewiß ist daß ihnen das Loos gefallen ist auf's Lieblichste, und darum ist auch uns, die wir an den Herrn Jesum Christum glauben, darum ist auch uns trotz aller Erdenwehen, durch diesen Glauben, durch diese tröstliche Zuversicht, durch dieses fröhliche Harren auf die Offenbarung der Kinder Gottes und des himmlischen Erbes, das Loos gefallen auf's Lieblichste — und wenn wir fröhlich sind, du Urheber unserer Seligkeit, so preiset dich unsere Freude, und wenn wir kämpfen so preiset dich unser Muth, und wenn wir weinen so preisen dich unsre Thränen, und wenn wir sterben, so preiset dich, du Lebensfürst, der Friede mit dem wir hinüber schlummern! Amen.

NÉCROLOGIE.

Unsere vollendete Mitschwester, deren unverhofft schneller und unerwarteter Heimgang eine so tiefe Wunde im Herzen des Gat=ten, der Kinder und Angehörigen schlug, und wie im engern Familienverband, so in den weitesten Kreisen so warme Theil=nahme erregte, so aufrichtige und so erklärbare Wehmuth ver=breitete. — Unsere vollendete Mitschwester Caroline Henriette Pauline Kern erblickte das Licht dieser Welt in hießiger Stadt den 10. Februar 1805. Ihre Eltern waren Herr Karl Heinrich Kern, Präfekturrath und Dekan der Rechtsfacultät, und Su=sanna Salomea gebohrne Kratz. Wie es von solchen Eltern und deren gesellschaftlicher Stellung nicht anders zu erwarten stund, wurden von frühe an, durch sorgfältige Pflege, ausge=suchte Lehrer, vereint mit den wohlthätigsten Einflüssen ihrer Umgebung geweckt, genährt und ausgebildet alle Keime jener so edeln, so liebenswürdigen und so überaus anziehenden Eigen=schaften, die unsre Schwester in so reichem Maaße auszeich=neten, die ihr die Herzen aller derer gewannen, die ihr näher zu treten das Glück hatten, und die sie als anvertraute Pfunde in jedem Lebenskreise und Berufskreise mit der ihr eigenthüm=lichen Wahrheit und Offenheit, so wie zugleich mit der freund=lichsten Anspruchlosigkeit wuchern machte.

Unter den hervorragendsten dieser Eigenschaften waren die Regsamkeit und Lebendigkeit ihres Geistes im Auffassen und Ergreifen, der Eifer und die Beharrlichkeit des Willens im Fortführen und Vollenden, und in Allem und mit Allem die Freundlichkeit und das liebliche Wesen als äußere Verkünder ihrer innern Herzensgüte. So lebte und liebte sie im engern häuslichen Kreise, dem glücklichen. So beherrschte sie die Verbindungen der Geselligkeit und der Freundschaft. So waltete ihr Geist und Wesen in den Vereinen und Werken der Wohlthätigkeit, für welche sie durch ihren frommen Sinn wie geschaffen war. So flößte sie als Präsidentin des Vorstands unserer Mädchenschulen, nicht blos weil ihre Pflicht, sondern weil ihr Herz voll Liebe sie in der Kinder Mitte führte, diesen Kleinen die innigste Anhänglichkeit und dankbarste Verehrung ein. Wir sagen denen die ihr näher stunden damit nichts Neues. Wer unter den ihr fern stehenden dieß alles vom Hören-Sagen hat — der hat's ja von allen sagen hören, es war eben darüber nur eine Stimme, nur eine Freude! Ach! während die Stimme Aller, durch liebende Erinnerung und schmerzliche Theilnahme erregt, laut wird, ist Einer dessen Mund verstummet ist, der nicht die Stimme, sondern seinen thränenfeuchten Blick, sein von Wehmuth überströmendes Herz erhebt, und dieser Eine — sucht ihn nicht mit eurem Auge, umringt ihn vielmehr mit eurer brüderlichen Fürbitte — dieser Eine durfte während einer Reihe von dreißig Jahren diesen Reichthum von Gaben, diese Fülle von edeln Eigenschaften, dieses so reich ausgestattete Leben zu seiner Seite und zu seiner Wonne sich entfalten und bethätigen sehn. Seit dem 2. Juni 1824 an, war unser Bruder, Herr Karl Lauth, Richter am hießigen Tribunal, und Mitglied des Vorstands unserer Kirche von St=Nicolai der glückliche Gatte der glücklichen Gattin, der glückliche Vater der sechs Kinder, die sie ihm gebahr, und deren freundlicher Kranz in diesen letzten Jahren, um zwei liebliche Blumen, um zwei Enkelkinder vermehrt worden war. Nur eine Gruft war zwischen der Gatten schönste Hoffnungen und deren herrliche Erfüllung gerükt worden. Sie umschließt ein im 6ten Lebensjahr den Eltern wieder von dem Herrn abgefordertes Töchterlein. Es war eine glückliche Ehe, ein glückliches Leben, ein glückliches Haus. Vor zehn Tagen eilten die frohen Eltern auf den Schwingen der begreiflichsten Sehnsucht an das Gestaate des Meeres, nach Cherbourg, um das Zusammentreffen mit dem aus dem fernen Norden zurückkehrenden und von dem Herrn in den Kriegsgefahren gesund erhaltenen Sohne zu feiern. Sie hatten, um diesen Seelengenuß reicher geworden, bereits die Rückreise angetreten, als vor der Stunde der Heimkehr zum theuern Familienkreise, nach Gottes unerforschlichem Rathschluß, für unsre Schwester die Stunde der Heimkehr in das Vater= land das von oben ist, schlagen sollte. Es war vorigen Dienstag um 10 1/2 des Abends (31. Oktober 1854) daß sie, in der Hauptstadt des Landes, nach ganz kurz dauernden Leiden in den Armen des gebeugten Gatten verschied, und das Gewand der Sterblichkeit abstreifte, welches sie während 49 Jahren, 9 Monaten und 21 Tage getragen hatte. Wir aber erheben Herz und Blick dorthin, wo die freigewordenen Seelen den Er= denstaub vertauschen mit dem Feierkleid der Seligen, und freuen uns der unaussprechlichen Wonne unserer Vollendeten, und er= flehen die Gnade unseres Herrn Jesu Christi, dessen Kraft in den Schwachen mächtig ist, und die Liebe des Vaters, der auch im Leibe Gedanken des Friedens gegen seine Kinder hat, und die Gemeinschaft des heiligen Geistes mit all seinen himm= lischen Tröstungen und Erquickungen auf den schwer geprüften Gatten, auf die tief bekümmerten Kinder, und alle trauernden Hinterbliebenen herab, im Namen unseres Herrn und Heilands Jesu Christi! Amen.

DISCOURS

PRONONCÉ SUR LA TOMBE

PAR

M. BRUCH.

Traurende Freunde!

Es ist eine schwere Aufgabe für einen Geistlichen Worte des Trostes sprechen zu sollen an einem Grabe, wenn das eigene Herz voll Trauer ist und die Thränen sich unaufhaltsam zu dem Auge herandrängen. Und ist dieß nicht meine Lage in diesem ernsten, schmerzlichen Augenblicke? Worte des Trostes soll ich sprechen? Und doch ist es eine theure, innig geliebte Freundin, deren entseelte Hülle soeben in dieses Grab ist hinabgesenkt worden. Wie glücklich machte mich die treue Anhänglichkeit die sie mir und den Meinigen gewidmet hatte, und von der sie uns so viele rührende Beweise gegeben hat! Wie freute sie sich so oft uns etwas Glückliches begegnete, und wie eilte sie zu uns mit liebevoller Theilnahme, wenn uns eine schwere Prüfung getroffen hatte, um uns Trost zu bringen und ihre Thränen mit den unsrigen zu vermischen! Ach, für eine Freundschaft wie die ihrige gibt es keinen Ersatz mehr; ihr unerwartetes Hinscheiden läßt in meinem und der Meinigen Herzen eine tiefe, schmerzliche Wunde!

Aber ach! Warum sollte ich hier an mich denken, von mir

sprechen? Wie unendlich mehr habt ihr an ihr verloren, die ihr derselben im Leben noch viel näher standet! Du, theurer Freund, treuer Gatte der Vollendeten, der du mit der innigsten Liebe an ihr hängend, in der grenzenlosen Gegenliebe, die sie dir gewidmet hatte, in der treuen Fürsorge, mit welcher sie dich umgab, in dem liebevollen Eifer die Lasten des irdischen Daseyns dir zu erleichtern und die Freuden desselben zu erhöhen, in der seltenen Annehmlichkeit ihres schönen, freundlichen Geistes und dem unerschöpflichen Reichthum der zartesten Empfindungen ihres Herzens, das Glück deines Lebens fand'st; — Ihr, theure Söhne und Töchter, Lieblinge ihres Herzens und mit der ganzen Gewalt der höchsten kindlichen Zärtlichkeit sie umfassend, ihr, die sie mit so hoher, mütterlicher Weisheit erzog, denen sie so viele Freuden bereitete, derer wahres Lebensglück Gegenstand ihrer steten Sorge war, denen sie ein so schönes, ungetrübtes Beispiel hinterlassen hat; — Ihr, Glieder ihrer Familie, denen sie so unendlich theuer war, die ihr sie stets so freudig willkommen hießet in eurem Kreise, weil ihre ganze Erscheinung so liebenswürdig war, weil die Heiterkeit ihres Geistes und das unwandelbare Wohlwollen ihres Herzens einen so ganz eigenen Zauber um sie verbreitete; — Ach, ihr Alle, wie unendlich viel habt ihr in ihr verloren; und was in der Welt könnte einen solchen Verlust euch ersetzen!

Theure Freundin, Gattin, Mutter — warum mußtest du so frühe denjenigen entrissen werden, die dich so innig liebten? Warum mußtest du sterben in der Kraft der Jahre, sterben nachdem du kaum den von den fernen Küsten des nördlichen Meeres zurückgekommenen Sohn, ach! zum letztenmale in die Arme geschlossen, sterben ferne von den Deinigen, in der Hauptstadt des Landes, in diesem Ocean von Menschen, wo der Fremde doppelt fremd ist, weil er allein steht und ihm die zarte Theilnahme fehlt, die in der Heimath in jeden Schmerz einen so sanften Balsam gießet!

Warum? Ach, unwillkührlich richtet sich diese ernste Frage nach oben, an den, welcher der allmächtige Gebieter über Leben und Tod ist. Ewiger, Unendlicher, warum hast du die geliebte Gattin, Mutter, Freundin jetzt schon aus diesem Daseyn zurückgerufen, und unter Verhältnissen die ihren Verlust so sehr erschweren? Ach, es antwortet uns keine Stimme auf diese Frage. Wie, sollte dieses tiefe Schweigen uns irre machen? Sollte es uns zu unzufriedenen Klagen berechtigen? O ferne von uns zu zweifeln und zu murren. Wer dürfte es wagen mit dem Allmächtigen und Allweisen zu rechten und über seine Fügungen zu klagen? Je unerforschlicher der Rathschluß Gottes ist, desto fester, zuversichtlicher soll unser Glaube sich erweisen. Ist es doch immer dieselbe unendliche Weisheit, dieselbe treue Vatergüte, aus welcher seine Rathschlüsse quellen. Aber Gottes Gedanken sind nicht unsere Gedanken, und seine Wege sind nicht unsere Wege; und um so viel der Himmel höher ist als die Erde, sind seine Gedanken und Wege höher als unsere Gedanken und Wege. Wohlan, beugen wir uns in dem demüthigen Bewußtseyn unserer Schwachheit vor dem Geheimniß der göttlichen Vorsehung, beten wir seinen Rathschluß an wie schmerzlich er uns auch seyn möge. O gewiß hat es unsere verklärte Freundin, deren Grab wir mit unsern Thränen benetzen, jetzt schon erkannt, warum sie so frühe aus dem Kreise der Ihrigen abscheiden mußte; und auch wir werden es einst erfahren, wenn wir eingegangen seyn werden in jenes Land, wo der Glaube zum Schauen werden soll, und wo unser ganzes früheres Leben in seinem vollen Zusammenhang und in hellem Lichte vor unsern Geist treten wird.

Vater der Gnade, dessen Fügungen wir glaubend anbeten, wenn wir sie auch nicht begreifen, o erhöre die Bitten, die wir vom Rande dieses Grabes aus zu dir emporsenden. Sey mit allen denjenigen, die du durch die Zurückrufung der uns allen so theuren Freundin, so schwer geprüft hast; verleihe ihnen Kraft diese Prüfung standhaft zu ertragen; gieße sanften Trost in ihr blutendes Herz; erfülle alle die Bitten, welche die verklärte Gattin und Mutter dir an den Stufen deines Thrones darbringt. Verwandle die Thränen, die ihr hienieden fließen, in Blumen, aus welchen die höhern Geister den Kranz ihrer ewigen Belohnung flechten. Erhebe ihren Geist von Klarheit zu Klarheit, nnd vereinige ihn einst wieder mit den Geistern derjenigen, die ihr im Leben theuer waren.

Theure Freundin, wir nehmen Abschied von dir; und doch trennen wir uns nicht von dir. Du wirst uns nahe bleiben. Dein schönes Bild wird fortleben in unserm Geist. Stets wirst du vor uns stehen, mit deinem treuen, mild=lächelnden Auge, mit dem Ausdruck des liebevollsten Wohlwollens, mit der heiligen Weihe des lebendigen religiösen Glaubens, der in deiner Seele wohnte, und dich so oft in die Versammlungen derjenigen führte, die mit dir dem Vater im Himmel und Jesu dem Weltheilande ihre Verehrung darbrachten. Habe Dank für alle Liebe die du gewährt, für alle Segnungen die du verbreitet hast. Heil dir, du hast überwunden; du bist bei deinem Gott und deinem Erlöser und blickst vielleicht voll Mitleid herunter auf uns, die wir noch im Lande der ernsten Prüfung herum= wallen. Möge es uns vergönnt seyn einst zu überwinden wie du, und wie du nur schöne, freundliche Erinnerungen auf Er= den zurückzulassen. Amen.

DISCOURS

qui n'ont pû être prononcés sur la tombe, à cause de l'heure avancée.

DISCOURS

DE

M. FREY,

PASTEUR DE L'ÉGLISE FRANÇAISE.

Messieurs et chers frères en Christ.

Permettez à un ami sincère de la défunte et de sa famille éplorée de vous arrêter, pendant quelques instants encore, au bord de cette tombe pour rendre un dernier hommage à celle dont la mort est si généralement et si justement regrettée.

Ils sont bien légitimes les regrets que cause cette perte inattendue ! Comment, en effet, ne pas déplorer qu'une femme qui se distinguait, d'une manière si éminente, par les qualités du cœur, ait été ravie si tôt à l'amour des siens ! Comment ne pas plaindre cet époux, condamné désormais à poursuivre son pélerinage terrestre sans la tendre compagne avec laquelle il se sentait si heureux de parcourir le chemin de la vie ! Comment ne pas plaindre ces enfants qu'elle chérissait de toutes les forces de son âme, qu'elle guidait avec amour et prudence, et qui désormais sont privés des marques de sa tendresse et des sages conseils de son expérience ! Comment, enfin, ne pas compâtir à la douleur de cette famille entière, où elle ne comptait que des amis, et au sein de laquelle sa présence causait toujours tant de bonheur et tant de joie.

Et si la défunte s'acquittait si consciencieusement de ses devoirs d'épouse et de mère, si elle était sœur si aimante, amie si fidèle et si dévouée, c'est qu'elle était guidée par des sentiments vraiment chrétiens. Confesser le Sauveur du monde par une vie pure et par la charité évangélique, ne point se lasser de faire du bien dans le cercle d'activité que lui avait assigné la Providence, — tel était le but constant de ses efforts. Les secours qu'elle se plaisait à prodiguer aux pauvres ; la sollicitude éclairée avec laquelle elle a, pendant plusieurs années, suivi la marche de l'École paroissiale de St-Nicolas, dont elle présidait le Comité des dames ; la paix et la concorde qu'elle s'est continuellement appliquée à faire régner dans son intérieur ; les soins dévoués dont elle a entouré l'éducation de ses enfants ; les tendres égards qu'elle avait pour ses amis ; la bonté, la bienveillance inaltérable avec laquelle elle accueillait tous ceux qui l'approchaient, — oui, tout en elle témoignait que les préceptes de l'Évangile étaient chers à son cœur ; et, pour dépeindre, en un mot, ses dispositions morales, on peut dire que l'égalité de son caractère, qui rendait son commerce si doux et si agréable, provenait de la sérénité, de la paix profonde dont jouissait son âme, et qu'elle ne cherchait et ne trouvait son bonheur que dans le bonheur des autres. Ah ! ce qu'elle fut pour les siens, la tendresse, l'amour, le dévouement, l'abnégation qu'elle ne cessa de leur témoigner, les soins affectueux qu'elle leur prodigua, — c'est ce qui restera toujours gravé dans le cœur reconnaissant de son époux et de ses enfants, c'est ce qui ne s'effacera jamais de leur mémoire, pas plus que ses amis n'oublieront jamais ni les charmes séduisants de son esprit ni les qualités aimables de son cœur. Ah! rendons grâces au Dieu des Miséricordes de l'avoir si richement, si libéralement douée; et, puisque son heure avait sonné, parents et amis, bénissons le souverain Maître de la vie et de la mort de l'avoir retirée de ce monde sans pénible combat, sans douloureuse agonie.

PRIÈRE.

Oui, nous te rendons des actions de grâces, Seigneur, toi qui n'as eu sur elle que des pensées d'amour et qui t'étais plu à l'orner de tant de précieuses qualités, de tant de douces vertus, nous te rendons des actions de grâces pour tout le bonheur que tu lui as fait tomber en partage, pour les bienfaits signalés que tu lui as départis; nous te rendons aussi des actions de grâces pour les épreuves auxquelles tu l'as soumise, et qui lui ont appris à diriger les regards de son âme sur le côté sérieux de l'existence terrestre et de s'attacher invariablement à Celui qui est le chemin, la vérité et la vie; nous te rendons grâces, enfin, de ce que, d'après les décrets de ton infinie bonté, l'ange de la mort a été pour elle un ange de paix et non de désolation! — Ah! daigne assister puissamment, par ta grâce, et l'époux et les enfants, qui, tout en se soumettant, avec une humble confiance, à ta sainte volonté, répandent, au souvenir de ce que la défunte fut pour eux, des larmes de douleur et de regrets! Approche-toi de ces cœurs brisés; fortifie-les par les consolations de ta Parole; attire-les à toi par l'épreuve même que tu leur dispenses; et accorde-leur, ainsi qu'à la défunte, dont la perte fait couler leurs pleurs, de se retrouver, tous ensemble, un jour, dans les demeures célestes! Amen.

DISCOURS

DE

M. SCHNITZLER,

CHEF DE DIVISION DE L'INSTRUCTION PUBLIQUE A LA MAIRIE.

Messieurs,

Ce qui convient le plus, assurément, au lieu où nous sommes, et ce qui s'accorderait le mieux avec mes propres sentiments en présence de cette tombe, c'est le recueillement et une douleur silencieuse. Mais nous avons été frappés si subitement dans nos affections les plus chères, le passage de la vie à la mort de la personne aimée dont nous avons apporté ici la dépouille, a été si prompt, si inattendu, que nous ne pouvons nous faire encore à l'idée d'une séparation ; et, pour ma part, j'ai besoin d'arrêter, encore un instant, mes regards et les vôtres sur cette belle vie dont le fil cruellement tranché, — avant le temps, voudrait dire la raison qui murmure, mais, à l'heure du Seigneur, dira la pensée chrétienne, — nous plonge dans une profonde affliction.

Elle est là devant mon esprit, telle que vous l'avez connue comme moi : d'abord la plus tendre et la plus dévouée des filles ; puis épouse heureuse et donnant le bonheur

elle-même ; mère d'enfants adorés et dignes d'un tel amour
par une réciprocité parfaite de sentiments ; sœur, parente,
amie pleine de la sollicitude la plus attentive ; membre
convaincu et empressé de la société chrétienne, secou-
rable au malheur, ayant des trésors d'affection pour l'enfance et la jeunesse, en particulier pour celles de l'école
de sa paroisse ; âme bienveillante pour tous, trouvant son
plaisir dans le plaisir des autres, et répandant autour d'elle
le reflet de ce bonheur qui était en elle, et dont sa grâ-
cieuse figure, comme l'intérieur de sa maison, était l'i-
mage.

J'ai parlé, Messieurs, de son école ; car elle était, à
celle de St-Nicolas, inspectrice et présidente de Comité, et
je l'y rencontrais, comme il m'était donné de la voir dans
le monde ou au sein de la famille, toujours douce, bonne,
sereine et active.

Oh ! je la verrai toujours entourée de ces joyeux essaims
de petits enfants, solemnisant la venue du Christ, de ce plus
grand ami des enfants, en leur distribuant, à pleines mains,
les dons artistement étalés qui, par une surprise charman-
te, venaient d'éblouir leurs regards étincelants. Elle les
excitait encore de son propre regard, de son geste expres-
sif ; elle souriait à leurs naïves exclamations ; elle adressait
à droite et à gauche des paroles de mère, de ces paroles
que le cœur fait trouver et auxquelles répond, en palpi-
tant d'allégresse, le cœur de l'enfance. Ces petits, et les
filles réunies sur les bancs de l'école proprement dite, c'é-
tait là sa seconde famille, sa famille d'adoption, qui la
voyait venir, avec le même empressement, dans les jours du
sérieux travail comme dans les jours consacrés à la joie,
pour tout animer de sa seule présence, électriser ses jeunes
auditeurs par sa parole sympathique, faire confondre l'idée
de devoir avec l'idée de plaisir, rendre l'obéissance douce

et l'application facile. Digne d'envie dans le beau cercle de ses six enfants, notre amie tenait pourtant à s'entourer de cet autre cercle, plus vaste; et elle y conduisait ses filles, pour leur apprendre à aimer comme elle, à se rendre utiles comme elle, à se multiplier au service des autres, puisqu'il n'y a pas pour l'homme de bonheur plus grand que celui d'aimer et de faire le bien.

Oui, Messieurs, à quelque situation de la vie de notre chère défunte que je me reporte, je la vois toujours la même, sérieuse avec grâce et sans pédantisme, sémillante, mais avec retenue et bon goût, radieuse de cet air de bonté et de bonheur, qui ne semblait pas emprunté à la terre, et qui ne l'était pas en effet, car l'amour en était le principe, et l'amour est un don du Ciel, dont il répand la sérénité sur ceux qu'il aime.

Vous m'êtes tous témoins, Messieurs, telle était notre amie.

Et c'est elle que la mort nous enlève! c'est elle que nous allons descendre dans cette tombe, garnie de fleurs, grâce à des mains pieuses, comme le sentier de sa vie pendant sa carrière terrestre, mais bordée aussi de ces tertres lugubres qui vont la refermer.

Ah! reste du moins, reste devant mon âme, image chérie et bienfaisante, car il semble que te regarder rend meilleur! Reste devant nos âmes à tous, devant celle d'un époux brisé par la douleur et par la fatigue du plus funèbre voyage, devant celles de ces fils et de ces filles qu'après lui, tu as tant aimés. Que ta présence, douce image, fasse pénétrer un rayon lumineux dans leur deuil; qu'elle les aide à élever un regard moins appesanti par les larmes vers Celui qui est la source, et l'unique source, de toute consolation!

Oui, tu nous resteras, comme un reflet de cette âme

bienheureuse qui a repris son vol vers sa vraie patrie. Ce que nous confions à cette tombe, ah! que de charmes l'environnait! mais c'était poussière, et il faut que la terre retourne à la terre. Rendons-la-lui, Messieurs, à la terre dévorante, cette froide dépouille, naguère encore si pleine de vie et d'activité; disons-lui pieusement un dernier adieu, et reportons-nous bien vite vers l'essence impérissable qui est près de Dieu et qui nous y attend. Puissions-nous être jugés dignes de la rejoindre!